LE TEMPLE DE LA GLOIRE, fait le sujet du frontispice. Cette Déesse est assise sur des Trophées d'armes et autour d'Elle groupent les Drapeaux de nos ennemis vaincus. Un Amour, qui caractérise celui de toute la France pour le Roy, présente son ouvrage à la Gloire. Au dessous est le Génie de l'Histoire, qui écrit la vie du Roy à côté de celle de LOUIS XII. Autour de lui sont répandües plusieurs Medailles des grands Princes, dont les vertus ont merité d'être transmises à la Posterité. On voit sur le devant les attributs des Sciences et des Beaux-Arts, lesquels sont autant les objets de la gloire des Rois dans la Paix, que leurs triomphes dans la Guerre.

CAMPAGNE
DU ROY.
ANNÉE
M.DCCXLIV.

LE PORTRAIT ET LE CARACTERE DU ROY.

LE ROY est représenté en Buste, dans ce Medaillon, couronné de Laurier, portant sur sa cuirasse l'Egide de Minerve, image de sa Sagesse et de sa magnanimité. On voit dans le champ du Medaillon, la Foudre et une branche d'Olivier qui y sont gravées. L'Olivier précede le Roy, et désigne que ce Grand Prince n'a pour objet que la Paix. La Foudre, qui ne paroît marcher qu'après Sa Majesté, caractérise les sentimens de ce Monarque, qui ne veut employer sa puissance redoutable que contre les ennemis de la Paix; dont il présente le Simbole devant lui. On lit cette inscription : LUDOVICUS XV. FULMINE VINDEX, OLEÂ PACIFICATOR, VULTU PATER CONSPICITUR. C'est-à-dire que la Foudre désigne que LOUIS est le vengeur des traités; la branche d'Olivier, son amour pour la Paix; et la douceur de ses traits, la tendresse qu'il a pour son peuple.

Le Revers représente le Caractere du Roy. Sa Majesté y est désignée sous l'Embleme du Soleil, Pere de la Nature, comme cet Auguste Prince est le Pere de tous ses Sujets. Il tient d'une main le Gouvernail de son Empire, et de l'autre une branche d'Olivier; qui fait voir que la Paix est le seul but de tous ses projets. A sa droite et à côté du Trône est la Justice, qui tient d'une main la Balance et de l'autre embrasse l'Innocence, qui sous la figure d'une jeune fille, vient se réfugier dans son sein, ou elle est sûre de trouver un azile sous le plus juste des Rois. De l'autre côté on voit la Sagesse, qui regarde avec amour un Roy dirigé par ses conseils. Elle lui montre les attributs des Sciences et des Beaux-Arts, comme des objets utiles à la Gloire de son Regne et dignes de toutes ses attentions. Sur le devant est la Terre, sous la figure de Cibéle, qui, dans l'admiration de voir un Prince qui prend tous ses conseils de la Justice et de la Sagesse, lui présente son Sceptre et sa Couronne, le jugeant digne de regner sur tous les hommes. Dans le fond du Medaillon on remarque le Signe du Verseau, qui est celui sous lequel le Ciel, pour combler tous nos vœux, nous à donné un Roy digne de tout nôtre amour. On lit cette Legende : QUOS FELICES VULT DEUS, HIS TALEM PRÆFICIT. C'est-à-dire : Tel est le Roy que Dieu donne au peuple qu'il veut rendre heureux.

LE ROY DÉCLARANT LA GUERRE A L'ANGLETERRE ET A LA REINE DE HONGRIE.

LE ROY, après la mort de l'Empereur Charles VI, n'ayant pris de part dans la Guerre qui s'alluma pour la Succession de la Maison d'Autriche, que pour soûtenir les Droits de l'Electeur de Baviere, et pour engager les Puissances belligerentes de convenir d'une Paix solide qui assurât la Liberté du Corps Germanique et la tranquillité de l'Europe, se vit obligé, en 1744, de déclarer la Guerre au Roy d'Angleterre et à la Reine de Hongrie, pour prévenir les funestes suites de celle que ces deux Puissances vouloient allumer dans toute l'Europe.

Voila le sujet du Medaillon. On voit la Paix, qui se réfugie dans les bras de Jupiter, poursuivie par la Discorde et par l'Envie. Jupiter, s'arme de la Foudre, pour vanger la Paix et la rétablir dans ses droits. Cette image caracterise la justice des motifs qui ont engagé le Roy à prendre les armes, pour assûrer la tranquillité de ses Peuples et de ses Alliés, et celle même de ses ennemis. C'est ce qu'on y a exprimé par cette Legende: AMORE PACIS ARMA PARAT. C'est-à-dire: Que l'amour de la Paix lui met les Armes à la main. On lit a l'Exergue: An. M.DCCXLIV. Mart. XV. et Apr. XXVI.

LE ROY DONNANT AUDIENCE, DANS SON CAMP, AU COMTE DE VASSENAAR, AMBASSADEUR EXTRAORDINAIRE DE LA RÉPUBLIQUE D'HOLLANDE.

LE ROY partit le 3. de May, pour se rendre à son Armée de Flandres. Le 16. Il donna audience, dans son Camp, au Comte de Vassenaar, Ambassadeur extraordinaire des Etats-Generaux. Tout l'objet de cette Ambassade étoit de suspendre les operations du Roy. Sa Majesté, qui en comprit les motifs, répondit Qu'ELLE avoit fait connoître assés longtems son inclination pour la Paix, mais que plus ELLE avoit differé la Guerre, moins ELLE en alloit suspendre les effets.

Voila le sujet du Medaillon. Le Roy, sous la figure de Mars, est représenté assis dans sa Tente, tenant d'une main une branche d'Olivier et de l'autre l'Epée nuë. Ce qui caractérise exactement la situation où Sa Majesté se trouvoit, qui étoit où de faire accepter la Paix, où de faire sentir le poids de ses Armes à ceux qui vouloient troubler le repos de l'Europe. Hercule et Minerve, à côté du Roy, caractérisent ce qu'on vient d'expliquer. Hercule désignant sa puissance et Minerve sa Sagesse. Mercure, le Dieu de l'Eloquence et du Commerce, représente l'Ambassadeur de Hollande, qui tâche de suspendre le juste ressentiment du Roy, mais la Sagesse éclairé de Sa Majesté, sur les vrais interets de l'Europe, éloigne d'Elle toutes les séductions qu'on lui présente. C'est l'objet de la Legende : AUT PAX AUT BELLUM. C'est-à-dire : Ou la Paix, ou la Guerre. A l'Exergue : An. M.DCCXLIV. Mai. XVI.

MARCHE DU MARECHAL COMTE DE SAXE
AVEC L'ARMÉE D'OBSERVATION,
ET LA REDUCTION DE LA VILLE DE COURTRAY.

Le Roy ayant expliqué ses intentions à l'Ambassadeur des Etats-Generaux, Sa Majesté fit marcher en consequence son Armée d'observation, commandée par le Marechal Comte de Saxe, laqu'elle se mit en mouvement le 17. de May. Le 18. elle s'avança jusqu'à la Ville de Courtray, dont les Magistrats vinrent présenter les Clefs à ce General, qui y établit son Quartier.

Voila le sujet du Médaillon. Il réprésente le Marechal Comte de Saxe, sous la forme d'Hercule appuyé sur sa Massuë, donnant la main à la Ville de Courtray, qui, sous la Figure d'une femme couronnée de Tours, lui présente ses Clefs et se soumet à l'obeïssance du Roy. A la suite d'Hercule, on voit marcher fierement une troupe de Guerriers, sous l'Etendard de la France. Cet Etendard, à la façon des Enseignes Romaines, est surmonté d'un Coq battant des Ailes, simbole des François. On lit cette Legende: TRIUMPHANS ALIOS MOLITUR TRIUMPHOS. C'est-à-dire: Vainqueur il Vôle à de nouveaux lauriers. A l'Exergue: An M D C C X L I V Mai XVIII.

LA RÉDUCTION DES VILLES DE MENIN ET D'IPRES, ASSIEGÉES PAR LE ROY.

LE ROY, dans le même tems, ayant fait marcher son Armée, elle investit la Ville de Menin le 18. de May. Le Roy voulut être présent à l'ouverture de la tranchée qui fut faite le 28. L'intrépidité de ce Monarque, qui poussa jusqu'aux Grenadiers qui convroient les travailleurs, fit trembler toute sa Cour. Le 30. ce Prince alla à la tranchée et s'avança jusqu'à l'Ouvrage-à-Corne. La vivacité de ses attaques obligea cette Place à se rendre le 4. de Juin, après 7. Jours de tranchée ouverte.

La Ville d'Ipres fût investie, le 6. du même mois, par l'Armée du Roy. Ce Grand Prince montra la même intrépidité dans ce Siége, et après 8. Jours de tranchée ouverte, il réduisit cette Place, le 25. de Juin, à la nécessité de se soûmetre.

Voila le sujet du Medaillon. Le Roy y est représenté au milieu de son Camp, à l'Ombre d'un Palmier, debout et apuyé sur ses Armes. Les Villes de Menin et d'Ipres, prosternées, lui presentent leurs Clefs. La Victoire attache, au Palmier, les Ecussons de ces Villes conquises par Sa Majesté. On lit cette Legende : DOMAT MAVORS, PARCIT PIETAS. C'est à dire : Sa Valeur le fait vaincre et sa bonté pardonner. A l'Exergue : An. MDCCXLIV. Jun. IV. et XXV.

LE ROY RÉPANDANT SES LIBERALITÉS ET VISITANT L'HÔPITAL DE BOËSINGUE.

LE ROY ayant répandu ses Liberalités sur les Officiers et les Soldats qui s'étoient distingués aux Sieges de Menin et d'Ipres, ce Grand Prince voulut visiter l'Hôpital de Boësingue, pour voir si les blessés et les malades y étoient bien traités. Il trouva en effet, et de leur aveu-même, qu'on en avoit beaucoup de soin, mais l'extreme bonté de Sa Majesté ne s'en tint pas-là, Elle rénouvella ses Ordres, afin que rien ne leur manquât.

C'est cet Acte d'humanité qui fait le sujet du Medaillon. Il répresente le Roy visitant ses Soldats blessés et malades. Ce Prince est accompagné d'Esculape, à qui il les récommande. Ces Soldats, par leurs attitudes, marquent combien ils sont pénétrés des bontés de leur Roy. Dans le fond, on voit la liberalité Royale, qui répand les bienfaits de Sa Majesté, sur ses fidelles et généreux Guerriers. On lit cette Legende: REX MILES MILITUM FOVET VULNERA. C'est-à-dire: Les blessures de ses Soldats sont les Siennes. A l'Exergue. An. M.DCC.XLIV. Jun. XXVII.

LA RÉDUCTION DU FORT DE LA QUENOKE
ET DE LA VILLE DE FURNES.

LE ROY fit assieger le Fort de la Quenoke, le 26. de Juin, par le Duc de Boufflers; le 28. la tranchée fut ouverte, et le 29. ce Fort se rendit. S. A. S. Monseigneur le Comte de Clermont, investit la Ville de Furnes, le 29. de Juin: la tranchée fut ouverte devant cette Place, le 7. de Juillet, et elle se rendit le 10. à Sa Majesté. Ainsi, par la valeur et la conduite de S. A. S. cette Ville ne soûtint que trois Jours de tranchée ouverte.

Voila le Sujet du Medaillon. Le Roy y est représenté dans sa Tente. Un Guerrier, apuyé sur son Bouclier, présente au Roy la Ville de Furnes, prosternée, qui remet ses Clefs à Sa Majesté. on lit cette Legende: COGNATA DEXTRA REGI PALMAM COLLIGIT: c'est-à-dire: Un Prince de son Sang lui cueille de nouveaux Lauriers. A l'Exergue: An. MDCCLIV. Jul. X.

LE ROY PARTANT POUR L'ALSACE, ET REMETANT LE COMMANDEMENT DE L'ARMÉE DE FLANDRES, AU MARECHAL COMTE DE SAXE.

LE ROY apprenant le passage du Prince Charles de Lorraine, en Alsace, voulut aller lui même arrêter son audace et vanger ses Sujets. Il partit le 19. de Juillet, et laissa le Commandement de son Armée de Flandres, au Marechal Comte de Saxe. Ce grand Capitaine, qui, avec des Troupes inférieures, à conservé toutes les Conquêtes de Sa Majesté, fait contribuer les Païs ennemis, couvert nos Frontieres, et qui a fait plusieurs fois réfuser la Bataille aux Alliés, a si bien répondu à la confiance du Roy, qu'il seroit inutile de faire ici son Eloge, puisque sa fermeté et la Sagesse de sa conduite l'ont suffisamment fait dans une si belle Campagne.

Le départ du Roy fait le sujet du Medaillon. Ce Prince, suivi et couronné par la Victoire, tient d'une main l'Epée levée et de l'autre il montre à Hercule, qui caracterise le Marechal Comte de Saxe, un Leopard et un Lion animées par la Discorde, qu'il lui laisse à dompter. Le Leopard, désigne les Anglois et le Lion, les secours que la Hollande leur donnoit. Du côté du Roy, on voit, dans l'éloignement, le Rhin épouvanté d'un Monstre qui traverse ses flots, et qui menaçant la France, excite la valeur de Sa Majesté pour l'aller combatre. On lit cette Legende: PRO SUBDITIS NON TIMIDUS MORI. C'est-à-dire: Il ne craint point d'exposer sa vie pour ses peuples : A l'Exergue: An. M.DCCXLIV. Jul. XIX.

LA CONVALESCENCE DU ROY.

Le Roy arriva le 4. d'Aoust à Metz, où étoit le rendés-vous des troupes qu'il conduisoit au secours de l'Alsace, et lorsqu'il se préparoit d'aller joindre son Armée sur le Rhin, Il fut attaqué d'une violente maladie, dont les progrés firent craindre pour ses jours, que l'on crût en danger. Ce Grand Prince fit voir, dans cet état terrible, toute la grandeur et la fermeté de son ame. Sa Pieté et les pleurs de tous ses sujets toucherent la miséricorde Divine, qui rendit à la France un Monarque, l'unique objet de son amour et celui de toutes ses esperances.

Voila le sujet du Medaillon. On voit la France au pied d'un Autel, ou elle à déposé son Sceptre et sa Couronne. Elle leve les bras au Ciel pour recevoir son Roy des mains de la Santé. La Religion paroît au dessus, qui montre le Saint Nom de Dieu, pour faire voir que c'est a lui seul à qui l'on a dû les jours de ce Prince. Dans le fond, on remarque l'Ange du Seigneur, qui précipite la Mort dans les Abîmes. Au bas de l'Autel sont deux petits enfans prosternés, qui caractérisent l'Innocence et la sincerité des voeux de toute la Nation pour le Roy. On lit cette Legende : DIRCE MORTI EREPTO, VOTIS OMNIUM REDDITO. C'est-à-dire : Arraché des bras de la Mort et rendu aux voeux de ses sujets. Autour du Portrait est cette Inscription : LUD. XV. QUO SOSPITE CUNCTI FELICES. C'est-à-dire : Il vit : vous serés heureux. A l'Exergue : An. M.DCCXLIV. Aug. XV. Jour à jamais mémorable pour la France, puisque c'est dans ce jour fortuné pour elle, que Dieu lui a rendu son Monarque Bien-aimé.

LA RÉDUCTION DE FRIBOURG,
CAPITALE DU BRISGAW.

LE ROY, malade à Metz, ne pouvant se rendre à son Armée en Alsace, aussitôt que les Troupes que Sa Majesté avoit amenées de Flandres eurent joint le Maréchal de Coigny, le Prince Charles de Lorraine répassa précipitamment le Rhin, la nuit du 23. au 24. d'Aoust. Ce Général suivit l'ennemi au de là de ce Fleuve, et investit, par l'ordre de Sa Majesté, la Ville de Fribourg, Capitale du Brisgaw, le 19. de Septembre. On ouvrit la tranchée devant cette Place le 30. du même Mois. Le Roy, à peine convalescent, se rendit au Camp devant Fribourg, qui capitula le 5 de Novembre, après 37 jours de tranchée ouverte.

Voila le sujet du Médaillon. Le Roy y est répresenté assis dans sa Tente, apuyé sur ses Armes et couronné de Laurier. On voit devant lui un vieux Guerrier, qui désigne le Maréchal de Coigny, lequel lui présente la Ville de Fribourg, qui, prosternée au pied du Trône, remet ses Clefs à Sa Majesté. On lit cette Legende: HOSTE FUGATO, FRIBURGUM EXPUGNAT. C'est-à-dire: Les ennemis mis en fuite au de là du Rhin, le Roy prend Fribourg. A l'Exergue: An. MDCCXLIV. Nov. V.

LES HEUREUX SUCCÉS DES TROUPES FRANÇOISES ET ESPAGNOLES, EN ITALIE, DANS LA CAMPAGNE DE L'ANNÉE MDCCXLIV.

Pendant que ces choses se passoient en Flandres et en Allemagne, les Troupes du Roy, commandées par S. A. S. Monseigneur le Prince de Conty, combinées avec celles de S. A. R. l'Infant Dom Philippe, après avoir passé le Var, au commencement d'Avril, forcerent, par des efforts incroyables de valeur, les retranchemens redoutables des Piémontois, près de Ville-Franche et du Fort de Montalban, et s'emparerent de tout le Comté de Nice. Mais, après cette glorieuse expédition, les Princes se virent obligés, par ménagement pour la République de Genes, de tenter, au mois de Juillet, le passage des Alpes, par la Vallée de Sture &c. Entreprise plus difficile et plus dangereuse que celle qu'on venoit d'exécuter si heureusement. Cependant, malgré l'avantage des lieux, les troupes combinées emporterent l'Epée à la main les retranchemens inexpugnables des ennemis et le Fort Dauphin, prirent Démont, firent le Siege de Coni, et battirent le 30. de Septem.bre le Roy de Sardaigne, qui étoit venu au secours de cette importante Place, avec une Armée très superieure à celle des Princes. Les operations finirent là, par l'impossibilité de continuer la Guerre dans un païs qui devenoit impraticable par les Néges. Cette Campagne à conté plus de 5000. hommes au Roy de Sardaigne, et on ne peut rien à= joûter à la gloire qu'elle à aquise à S. A. R. l'Infant Dom Philippe et à S. A. S. Monseigneur le Prince de Conty.

Ce sont tous ces événemens qui font le Sujet du Medaillon. On voit l'Infant Dom Philippe apuyé sur ses Armes, et le Prince de Conty sous la forme du Jeune Hercule, à qui l'Infant donne la main. Entre ces Princes est un Trophée d'Armes, simbole de ce qu'ils ont fait de glorieux dans cette Campagne. Au dessus est la Victoire, qui couronne l'Infant et qui presente une Palme au Prince de Conty. On lit cette Legende: REGALI FRANCORUM STIRPI COMES VICTORIA. C'est-à-dire: La Victoire est la Compagne fidele de la Royale maison de France. A l'Exergue: An. MDCCXLIV.

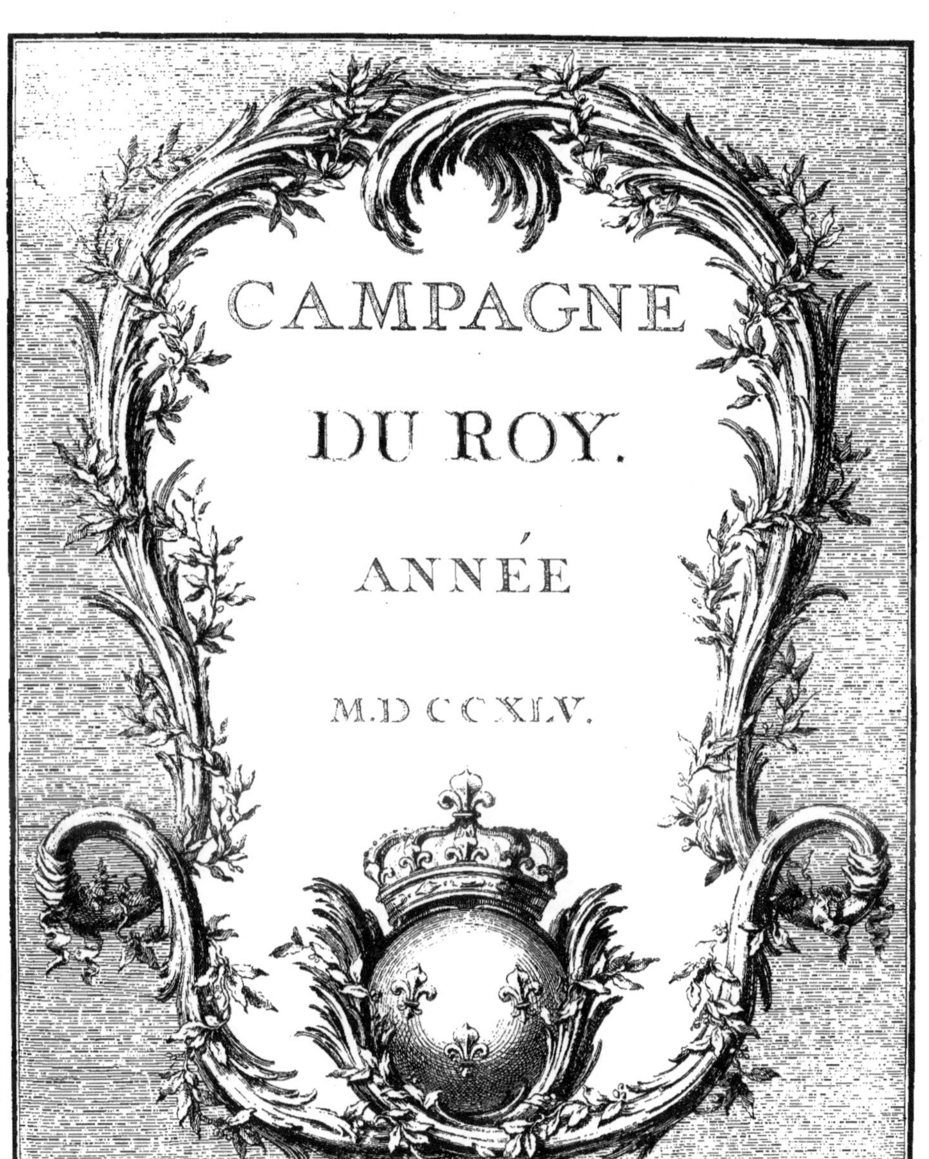

CAMPAGNE
DU ROY.
ANNÉE
M.DCCXLV.

LE DÉPART DU ROY, AVEC MONSEIGNEUR LE DAUPHIN,
POUR SE RENDRE A SON ARMÉE
DEVANT TOURNAY.

Le Maréchal Comte de Saxe ayant ouvert la Campagne en Flandres, par le siège de la Ville de Tournay, devant laquelle la tranchée fut ouverte, la nuit du 30. Avril au premier de May; les Alliés s'assemblèrent aussitôt, pour marcher au secours de cette Place importante.

LE ROY, informé des dispositions de ses ennemis, partit le 6. de May, accompagné de Monseigneur le Dauphin, pour aller se mettre à la tête de son Armée.*

Voila le sujet du Medaillon. On y voit le Roy, qui l'Epée nuë d'une main, marque par cette action qu'il va combatre ses ennemis, et de l'autre il montre à Monseigneur le Dauphin, qui marche sur ses traces, le Temple de la Gloire ou il le conduit. Autour de ce jeune Prince, on remarque l'Amour et l'Hymen, qui font tous leurs efforts pour le retenir; mais il part, n'étant occupé que des glorieux objets que son Auguste-Pere lui presente. On lit cette Legende: TALI TIROCINIO ALEXANDER USUS. C'est-à-dire; C'est ainsi qu'Alexandre se formoit sous Philippe. A l'Exergue: An. M.DCCXLV. Mai VI.

* *Ce Prince a commencé ses premieres armes sous le Roy, et s'est trouvé à la bataille de Fontenoy, au même âge (à 16 ans) où Alexandre le Grand fit sa premiere campagne et se trouva avec Philippe son Pere, Roy de Macedoine, à la bataille de Cheronée, lorsque la Beotie ou les Athéniens furent défaits.*

LA BATAILLE DE FONTENOY, GAGNÉE PAR LE ROY, SUR L'ARMÉE DES ALLIÉS, COMMANDÉE PAR LE DUC DE CUMBERLAND.

LE ROY, qui étoit parti le 6. de May, arriva le 9. à son Armée devant Tournay. Le même jour Sa Majesté fit passer l'Escaut à ses troupes, et alla Elle-même au devant du Duc de Cumberland, qui venoit pour l'attaquer. La Bataille se donna le 11. et commença à cinq heures du matin. La victoire que le Roy remporta fut d'autant plus glorieuse, que les ennemis avoient pris toutes leurs précautions pour la gagner; tant par la supériorité du nombre que par leurs dispositions. En effet, elle fut longtems disputée et indécise. On ne sçauroit exprimer la fermeté et la conduite de Sa Majesté dans une occasion aussi périlleuse, ni le courage que Monseigneur le Dauphin y fit paroître. Les ennemis ne purent résister à la valeur de nos troupes. Ils furent défaits par tout et laissèrent sur le Champ de Bataille plus de 8000. hommes morts ou blessés.

Voilà le Sujet du Medaillon. Le Roy y est representé à Cheval, tenant l'Epée nüe et couvert de l'Egide de Minerve. Il renverse l'Envie et la Discorde. Monseigneur le Dauphin suit le Roy avec une Ardeur martiale. On remarque à la suite une troupe de Guerriers, sous l'Etandard de la France, dont l'audace et la valeur sont animées par l'exemple de Sa Majesté. La victoire vole au devant du Roy et le couroñe des lauriers qu'il vient de moissoñer dans cette importante journée. Le lointain réprésente les ennemis fuiant et gagnant les Bois qui couvrirent leur rétraite et les empêchent d'être totalement défaits. On lit cette Legende: SUPERIORES VIRIBUS LODOIX VIRTUTE SUPERAT. C'est-à-dire: LOUIS, par sa Valeur, à surmonté les ennemis superieurs en nombre. A l'Exergue: An. MDCCXLV. Mai. XI.

LA RÉDUCTION DE LA VILLE DE TOURNAY

ET DE SA CITADELLE,

ASSIEGÉES PAR LE ROY.

Le Roy, après la victoire complete remportée à Fontenoy, continüa le Siege de la Ville de Tournay, qui se rendit le 24. de May, après 23. jours de tranchée ouverte. La Garnison qui s'étoit retirée dans la Citadelle, fut obligée de Capituler et de la remetre à Sa Majesté le 19. de Juin.

Voila le Sujet du Médaillon. Le Roy y est representé au milieu de son Camp, ayant à côté de lui Monseigneur le Dauphin, qui est apuyé sur ses Armes. La Ville de Tournay, prosternée, presente ses Clefs à Sa Majesté. On lit cette Legende: VICERAT IN CAMPO, VINCIT SUB MOENIBUS. C'est-à-dire: Après avoir vaincu l'ennemi dans les plaines de Fontenoy, il le force encore dans ses murailles. A l'Exergue: An. M.DCC.XLV. Mai XXIV. et Jun. XIX.

LES COURS SUPERIEURES COMPLIMENTANT LE ROY, EN FLANDRES, SUR LES GLORIEUX SUCCÉS DE SES ARMES.

Le Roy ayant aprouvé que les Compagnies superieures de sa Capitale, vinssent, suivant leurs désirs, lui donner de nouvelles assurances de la part qu'elles prenoient à sa Gloire, les députés de ces Compagnies[*] se rendirent en Flandres, ou ils complimenterent *Sa Majesté*, sur la Victoire qu'elle avoit remportée à *Fontenoy* et sur la prise de la Ville de *Tournay*.

Voila le Sujet du *Medaillon*. On voit le *Roy* dans sa Tente assis sur son Trone, auprès du quel est *Monseigneur le Dauphin*. Themis, qui caracterise les Cours superieures, est au pied du Trone, qui harangue *Sa Majesté* sur les heureux succés de ses armes. Dans le fond et à côté de Themis, on remarque la Ville de *Paris*, caracterisée dans une seule figure, qui vient témoigner au *Roy*, la part qu'elle prend à tant de glorieux évenemens. On lit cette Legende *PLAUDIT ET MITISSIMA THEMIS*. C'est-à-dire : Themis, qui n'aime que la Paix, aplaudit elle-même à ce Vainqueur. A l'Exergue : An. MDCCXLV. Jun. III. IV. et VI.

(*) Le Parlement, la Chambre des Comptes, la Cour des Aides, le Grand Conseil, la Cour des Monnoyes, le Corps de la Ville de Paris. Tous les Députés de ces Compagnies eurent audience, les 3. 4 et 6 de Juin.

LA DEFFAITE DE SIX MILLE HOMMES DES ALLIÉS À MÉLE, ET LA RÉDUCTION DES VILLES DE GAND ET DE BRUGES.

LE ROY ayant formé le projet de s'emparer de la Ville de Gand, Sa Majesté conduisit à cet effet, au commencement de Juillet, son Armée vers la Dendre, que les Alliés à son aproche répasserent avec précipitation. Le Roy étant venu occuper le Camp de Bost entre l'Escaut et la Dendre, où Sa Majesté faisoit-face à l'Armée de ses ennemis, Elle chargea le Vicomte du Chayla et le Comte de Lowendalh, ses Lieutenans-Generaux, de l'expédition de Gand. En conséquence, ils se porterent vers cette Ville, le 9. de Juillet, l'un par la droite et l'autre par la gauche de l'Escaut. Le même jour, un corps de 6000. hommes des Alliés, qui vouloit se jetter dans Gand, fut entierement deffait à Méle par le Vicomte du Chayla. Le 11. au matin, le Comte de Lowendalh ayant emporté la Ville de Gand l'Epée à la main et facilité l'entrée au Vicomte du Chayla, ils forcerent la Garnison de se retirer dans le Chateau, qui se rendit quatre jours après. Le 18. le Marquis de Souvré Marchal de Camp, ayant marché vers Bruges, à l'aproche de son détachement, les habitans ouvrirent les portes de la Ville, qui se soûmit à *Sa Majesté.*

Voila le sujet du Medaillon. Le Roy y est representé dans son Camp, de bout et apuyé sur ses Armes. La Position où étoit Sa Majesté, vis-à-vis de l'Armée ennemie, est désignée par le Fleuve de l'Escaut d'un côté, qui, surpris de voir ce Conquerant sur ses bords, lui rend hommage et de l'autre côté, par la Dendre épouvantée, qui paroit faire des efforts pour arrêter ce Prince et l'empêcher d'attaquer ses ennemis, dont le Camp est designé sur l'autre bord de son rivage, non seulement par leurs Drapeaux, mais encore par le Lion d'Hollande et le Leopard d'Angleterre, qui regardent ce Monarque avec effroy par dessus leurs Palissades. Auprès du Roy est Monseigneur le Dauphin, qui considere un Trophée d'Armes, que la Victoire presente à Sa Majesté, lequel Trophée caracterise la deffaite des ennemis, comme les Ecussons aux Armes de Gand et de Bruges, qui y sont suspendus, designent la conquête de ces deux importantes Places. On lit cette Legende: HOSTE ITERUM PROFLIGATO, GANDAVUM BRUGAS-QUE SUBEGIT. C'est-à-dire: Une seconde fois victorieux (par la deffaite des Alliés à Méle) il prend les Villes de Gand et de Bruges. A l'Exergue: An. M.DCCXLV. Jul. IX. XI. et XVIII.

LA RÉDUCTION DE LA VILLE
D'OUDENARDE.

LE ROY toujours campé à Bost, faisant face à l'Armée des Alliés, Sa Majesté donna ordre, au Comte de Lowendalh, de faire le Siege de la Ville d'Oudenarde. Ce Lieutenant General en ayant fait l'inves = tissement, il fit ouvrir la tranchée devant cette Place, la nuit du 17, au 18, de Juillet, et elle se rendit au Roy le 21, après quatre jours de tranchée ouverte.

Voila le Sujet du Médaillon. Le Roy, ayant à côté de lui Monseigneur le Dauphin, reçoit à la porte de sa Tente la Ville d'Oudenarde, figurée par une femme prosternée aux pieds de Sa Majesté, qui lui présente ses Clefs. On remarque cette Ville dans l'éloi- gnement, sur les remparts de laquelle on voit le Drapeau Arboré et des Soldats épouvantés. L'Escaut, au pied de ses murs, regarde avec étonnement la prise d'une Place, que la profondeur de ses eaux n'a pû deffendre. On lit cette Legende : JUBET HEROS, PARET ALDENARDA. C'est-à-dire : Il ordonne : et Oudenarde se soumet à ses Loix. A l'Exergue : An. MDCCXLV. Jul. XXI.

LA RÉDUCTION DE LA VILLE
DE DENDERMONDE.

Le Roy, qui étoit parti le 25. de Juillet, pour se rendre à Gand et à Bruges, où Sa Majesté fut reçuë aux acclamations de tous les peuples avec une magnificence extraordinaire, revint joindre le 4. d'Août son Armée, campée près de la Ville d'Alost, en deçà de la Dendre. Aussitôt que le Roy fut arrivé, Sa Majesté fit investir la Ville de Dendermonde; et le Duc d'Harcourt chargé de ce Siège, sous les ordres du Roy, ouvrit le 11. la tranchée devant cette Place, et le 12. elle se soumit à Sa Majesté.

Voila le Sujet du Medaillon. Le Roy, suivi de Monseigneur le Dauphin, reçoit dans son Camp la Ville de Dendermonde, qui lui présente ses Clefs. Sur le devant, on voit la Rivière de la Dendre, qui temoigne la joye qu'elle ressent de se voir soumise aux loix de ce Monarque. On lit cette Legende: UNA DIE REX TENERAMUNDAM DOMAT: C'est à dire: Dendermonde ne coute qu'un seul Jour au Roy. A l'Exergue: An. M.DCC XLV. Aug. XII.

LA RÉDUCTION DE LA VILLE D'OSTENDE.

LE ROY ayant résolu, dans le même tems, de faire assiéger la Ville d'Ostende, le Comte de Lowendalh fût chargé par Sa Majesté de cette expédition. Ce Lieutenant General se porta, le 4. d'Aout, à Bruges avec son détachement, prit les Forts de Plassendal et d'Albert, et s'avança vers les Dunes, dont il se rendit maitre jusqu'à Ostende. Il fit ensuite ouvrir la tranchée devant cette Place, et le vingt trois cette Ville importante (et fameuse par un siège de trois ans qu'élle à soûtenu autrefois) se rendit à Sa Majesté, après 6. Jours de tranchée ouverte.

Voila le sujet du Medaillon. Le Roy, accompagné de Monseigneur Le Dauphin, reçoit la Ville d'Ostende figurée par une femme qui lui présente ses Clefs, et qui met aux pieds de Sa Majesté le Trident de Neptune, le quel caracterise son Port et l'importance de la conqueste de cette Place Maritime. Dans l'éloignement on voit la Mer, et des Vaisseaux qui sont Voilex qui désigne les vains efforts que les Anglois on fait pour la deffence de cette Ville, d'autant plus interessante pour eux, qu'élle leur ouvroit l'entrée des Païs-Bas. On lit cette Legende: OSTENDA OLIM INEXPUGNABILIS, INTRA SEX DIES SUBACTA. C'est-à-dire Ostende, autrefois imprenable, est soumise au Roy en Six Jours. A l'Exergue: An. MDCCXLV. Aug. XXIII.

L'ENTRÉE TRIOMPHANTE DU ROY, DANS PARIS, AU RETOUR DE LA GLORIEUSE CAMPAGNE DE SA MAJESTÉ.

LE ROY revenant victorieux de sa Campagne de Flandres, fit son Entrée à Paris le 7. Septembre, où Sa Majesté fut reçuë, aux acclamations de joye d'un peuple innombrable, avec tout le zele et la magnificence qui convenoient, dans une circonstance aussi brillante et aussi interessante pour toute la France.

Voila le sujet du Medaillon. LE ROY y est representé sur un Char de Triomphe, à la maniere Antique, qui paroît sortir d'un Arc-Triomphal, pour aller passer sous un autre qui est dans le fond. Ce qui caracterise les differens aparils de la magnificence de Paris, pour la reception de ce Grand prince. Le Roy tient son sceptre d'une main et marque de l'autre à la Ville de Paris, qui lui presente ses Clefs, la bonté avec laquelle il reçoit son hommage. Dans le même Char et à côté de Sa Majesté est assis Monseigneur le Dauphin. La Victoire vôle au dessus et couronne le Roy. L'Allegresse, sous la forme d'une jeune fille couronnée et ornée de Guirlandes de fleurs, marche audevant du Char et le conduit. Elle figure la joye publique sur le glorieux retour de Sa Majesté. Un Vieillard suivi de tout le peuple, des enfans & c. marquent, par leurs differentes attitudes, l'Amour, le zele et le respect qui les attache à leur Prince. Autour du Char on voit des Guerriers, chargés des Drapeaux des Nations vaincuës. On lit cette Legende: IN ANIMIS HOMINUM POMPA MELIORE TRIUMPHAT. *C'est-à-dire:* Son Triomphe dans le coeur de ses sujets est bien audessus des témoignages éclatans que leur zele fait paroître au dehors. *A l'Exergue: An. M.DCCXLV. Sept. VII.*

LA RÉDUCTION DES VILLES DE NIEUPORT
ET D'ATH.

LE ROY, revenu triomphant à Paris, aprit que le Comte de Lowendalh, à qui il avoit confié la conduite du Siége de Nieuport, avoit répondu à l'attente de Sa Majesté, et qu'il s'étoit rendu maitre de cette Place; devant laquelle la tranchée fut ouverte le 31. d'Aoust, et se soumit à l'obeïs= =sance du Roy, le 5. de Septembre. Cette expédition fût suivie du Siége de la Ville d'Ath, que le Marquis de Clermont-Gallerande, sous les ordres du Maréchal Comte de Saxe, prit le 8. d'Octobre, après 5. Jours de tranchée ouverte. Par la conquête de ces deux Villes, Sa Majesté se trouva en possession de tout le pais que la Reine de Hongrie pos= sedoit depuis la Dendre jusqu'à la Mer.

Voila le sujet du Medaillon. La Victoire, qui vole toujours sur les pas du Roy, vient presenter à Sa Majesté de nouvelles couronnes pour la conquête de ces deux Places. Le Roy, couronné de Lau= rier, reçoit la Victoire dans son Palais. On voit aux pieds de ce Grand Prince les Ecussons de ces Villes, décorés de Palmes, simboles de toutes celles qu'il a cueillies dans cette brillante Campagne. On lit cette Legende: NOVO POLIORCETE CEDUNT NOVUS-PORTUS ET ATHUM. C'est-à-dire: Nieuport et Ath se rendent à notre (*) POLIORCETE moderne. A l'Exergue An. M.DCCXLV. Sept. V. et Octob. VIII.

(*) Poliorcete. Signifie Preneur de Villes.

LA CAMPAGNE D'ALLEMAGNE, PAR S.A.S. MONSEIGNEUR LE PRINCE DE CONTY, PENDANT L'ANNÉE M.DCCXLV.

LE ROY ayant donné le commandement de son armée d'Allemagne au Prince de Conty, l'accommodement imprévû que fit alors l'Electeur de Bavière avec la Reine de Hongrie, obligeant les François d'abandonner cet Electorat, Son Altesse Serenissime marcha avec une partie de ses troupes, pour favoriser la glorieuse retraite que fit le Comte de Segur, avec 6000. hommes, devant une armée de plus de 15000, qui ne pût jamais ni le rompre ni l'arrêter dans toute sa marche. Le Prince de Conty vint ensuite sur le Mein, ou S.A.S. contint pendant près de deux mois, au de-là de cette rivière, le Feldt Maréchal Comte de Traun, dont les forces étoient supérieures à celles du Prince. Mais le Grand Duc de Toscane étant venû, avec de nouvelles forces, prendre le commandement des troupes de la Reine de Hongrie, et se trouvant en état de faire de puissantes diversions au deçà du Rhin, le Prince de Conty repassa ce Fleuve, couvrit nos frontieres et les conserva hors d'insulte contre toutes les forces des ennemis. La conduite de son Altesse Serenissime a fait voir, dans le cours de cette Campagne, toute la prudence d'un General, dont l'Italie avoit admiré la valeur.

Voila le sujet du Medaillon. Le Prince de Conty y est representé sous la forme du jeune Hercule, tranquille et apuyé sur sa massue. Il regarde le Fleuve du Rhin, qui paroit épouvanté, de voir la Discorde et la Guerre sur ses bords, le menacer du plus affreux ravage. La tranquillité du Héros, qui par son geste lui fait connoître qu'il ne craint point ses ennemis, le rassure et lui est un presage qu'ils ne seroient passer devant lui. On lit cette Legende : QUIS, QUEMVE AMNEM HOC PROHIBENTE TRANET? *C'est-à-dire :* Toute rive ainsi gardée est inabordable à l'ennemi. *A l'Exergue. An.* M.DCCXLV.

LES AVANTAGES REMPORTÉS EN ITALIE, PAR LES TROUPES FRANÇOISES ET ESPAGNOLES, DANS LA CAMPAGNE DE L'ANNÉE M.DCCXLV.

LE ROY se couvroit de Lauriers dans les Païs-bas, pendant que les troupes de Sa Majesté, commandées par le Maréchal de Maillebois, jointes à celles de S. A. R. l'Infant Dom Philippe, s'ouvrirent un passage à travers les Alpes, qui séparent les états de Genes de la Lombardie, prirent les Villes d'Acqui, de Serravale et de Tortone. Ensuite, les troupes combinées s'emparerent de Plaisance, de Parme et de Pavie. Après de si heureux succès, l'Infant marcha vers le Tanaro, passa ce fleuve à la vûë du Roy de Sardaigne qui couvroit la Ville d'Alexandrie, remporta sur ce Prince une victoire complete; prit Alexandrie, Cazal, Valence, et termina cette glorieuse campagne par la prise de la Ville de Milan.

Voilà le sujet du Medaillon. La Victoire, assise sur des Trophées d'Armes à l'ombre de deux Palmiers, tient d'une main une couronne murale et un Bouclier, sur lequel elle montre les noms des Villes conquises dans cette Campagne par l'Infant. On voit à côté le Tanaro, apuyé sur son Urne, qui présente une palme à la victoire, simbole du triomphe de ce Prince sur les bords de ce fleuve. Dans le fond on remarque des montagnes extremement élevées, qui désignent les obstacles qu'il a falù franchir pour parvenir à ces conquêtes. On lit cette Legende: UT ANNIBAL, ALPES SUPERANT, URBES EXPUGNANT. C'est à dire: Comme Annibal ils passent les Alpes et prennent les Villes. Hexeque An. M.DCCXLV.

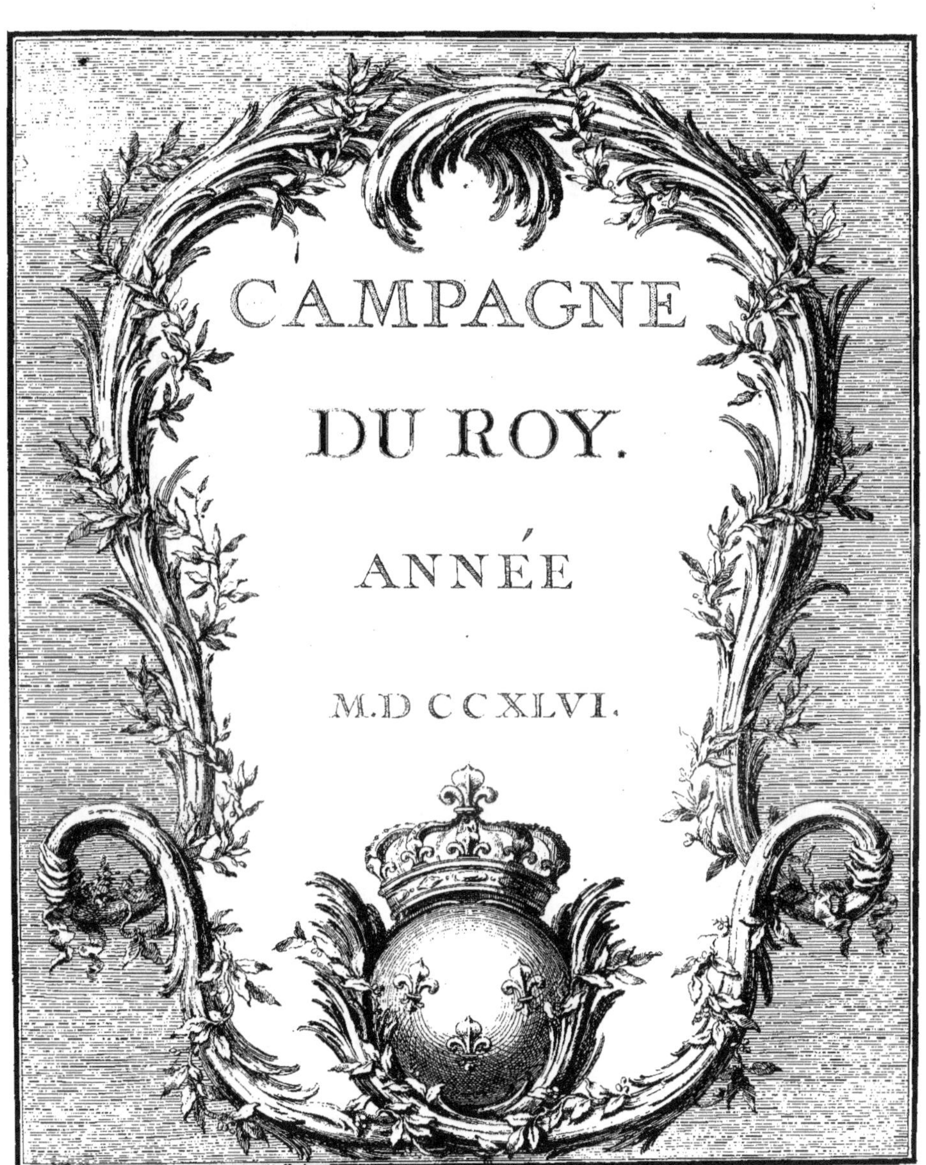

CAMPAGNE

DU ROY.

ANNÉE

M.DCCXLVI.

LA RÉDUCTION DE LA VILLE DE BRUXELLES, CAPITALE DU BRABANT.

LE ROY toujours attentif à la gloire de ses armes et aux moyens d'accélerer la Paix, Sa Majesté, pour vaincre l'obstination de ses ennemis et les déconcerter dans leurs desseins, ordonna au Maréchal Comte de Saxe d'assiéger la Ville de Bruxelles, Capitale du Brabant, au milieu des frimats et des glaces d'un des plus grands Hivers que l'on eût vû depuis lontêms. Ce Général, qui ne trouve rien d'impossible lorsqu'il s'agit de répondre à la confiance du Roy, soutenû de la valeur de la Nation, investit cette place le 30. de Janvier 1746, prit Wilworde et les Forts de son Canal, occupa Louvain, et la tranchée ayant été ouverte devant Bruxelles, le 7 de Février, il soûmit cette Ville le 21 à l'obéïssance de Sa Majesté, fit prisonniers de guerre 17. officiers généraux, 18. bataillons et 9 Escadrons, à la vûë du Prince de Waldeck, qui assembloit son armée pour venir au secours de cette Place, dans laquelle les Alliés avoient rassemblé tous leurs Magazins et leurs préparatifs pour la campagne suivante.

Voilà le sujet du Medaillon. Le Roy y est représenté sur son Trône, recevant des mains d'Hercule la Ville de Bruxelles, prosternée, qui présente ses clefs à Sa Majesté. Elle est accompagnée d'un Guerrier, qui, dans une attitude respectueuse, dépose ses armes aux pieds du Roy. L'Action de ce Guerrier désigne tant de Généraux, d'Officiers, de Soldats, que la Victoire a soûmis à nôtre Auguste Monarque. On lit cette Legende: REX IMPERAT, DUX PARET, URBS EXPUGNATUR. C'est-à-dire Le Roy ordonne, le Général exécute, la Ville se rend. A l'Exergue: An. M.DCCXLVI. Feb.XXI.

LE ROY FORÇANT L'ARMÉE DES ALLIÉS D'ABANDONNER ENTIEREMENT LE BRABANT ET A SE RETIRER SUR LES FRONTIERES DE LA HOLLANDE.

La glorieuse et surprenante prise de la Ville de Bruxelles, et les pertes que les enne= -mis y avoient faites, n'ayant pû les faire entrer dans les vües pacifiques du Roy, Sa Majesté partit de Versailles, le 2 de May, pour aller ouvrir la Campagne en Flandres. Le 4, le Roy fit son entrée publique dans Bruxelles, ou Il reçut les homma= ges des Députés du Duché de Brabant, et de là Il fit se mettre à la tête de son armée. Les Alliés étoient campés sur les bords de la Dile, où, retranchés et couverts par cette riviere, ils prétendoient lui en disputer le passage; mais, à l'aproche de Sa Majesté, ils évacuerent la Ville de Malines et s'éloignerent de la Dile. Le Roy les poursuivant toujours, ils abandonnerent la Ville d'Anvers, repasserent la Nethe et se retirerent sur les frontieres de la Hollande. Sa Majesté ayant passé cette riviere pour les suivre, les Alliés, dans la crainte d'être enveloppés ou de se voir couper toute communication avec les secours qu'ils attendoient de l'Allemagne et de l'Angleterre, s'éloignerent encore et ne se crurent enfin en sûreté, qu'en se retirant sous le Canon de Breda. Le Roy, dans cette poursuite, s'empara des Villes de Louvain, de Malines, de Liere, d'Arschot, d'Hérentals, et du fort de Sainte Marguerite.

Voila le Sujet du Médaillon. Le Roy, sous la figure de Mars, un javelot à la main paroit marcher à ses ennemis. Il est suivi d'Hercule, qui caractérise le Maréchal Comte de Saxe, commandant sous les ordres de Sa Majesté. Le Roy, précédé de la Victoire, ne s'en pas= sant les Villes qui se soumettent à sa puissance. On voit la Dile à ses pieds, qui lui rend hommage, et la Nethe, dans l'éloignement, témoi- gne par son attitude qu'elle n'attend que ce Conquerant pour faire la même chose. Au de là de cette derniere riviere, on remarque les Alliés, effrayés de l'aproche de ce Grand Prince, qui abandonnent leurs retranchements et cherchent leur sûreté dans la fuite. On lit cette Légende: VIDERUNT LODOICUM HOSTES, ET FUGERUNT. C'est-à-dire: LES ENNEMIS ONT VU LOUIS, et ont fui. A l'Exer- gue An. M.DCCXLVI. Mai. VI. IX. XI. XV. et XVIII (*)

(*) Les dates de l'Exergue sont celles des marches du Roy dans la poursuite de ses ennemis. Le 6 de May, Sa Majesté voulant reconnoitre les premiers camps qu'elle vouloit occuper, elle fit marcher en avant le Comte de Lowendal, lieutenant general, qui s'empara le même jour de la Ville de Louvain. Le 9 le Roy campa à Perck; le 11 à Steen; le 15 Il passa la Dile et vint à Malines; et le 18 Il alla établir son Camp à Liere, au de là de la Nethe. Ainsi, dans l'espace de neuf jours, Sa Majesté força l'Armée ennemie d'abandonner entierement tout le Brabant.

LA RÉDUCTION DE LA VILLE D'ANVERS
ET DE SA CITADELLE.

LE ROY ayant forcé ses ennemis d'abandonner le Brabant, et de se retirer en Hollande, la Ville d'Anvers envoya des Députés à *Sa Majesté* pour se soumetre à son obéïssance, et le *Marquis de Brezé* Lieutenant général, en prit possession le 20 May. La Citadelle de cette Ville ou la Garnison s'étoit retirée, fut assiégée, sous les ordres du Roy, par S. A. S. Mgr. le Comte de Clermont. Ce Prince l'investit le 22 de May, et, après un Siége de six jours, la garnison fut obligée de Capituler le 31, et de remettre la Place, avec les Forts de l'Escault qui en dépendoient, au pouvoir de *Sa Majesté.* Le 4 de Juin, le Roy fit son Entrée dans cette Ville, dont la conqueste acheva de mettre le reste du Brabant sous sa domination.

Voila le sujet du Medaillon. Le Roy, apuyé sur ses armes, reçoit la Ville d'Anvers qui lui remet ses Clefs. Un Guerrier, qui désigne S. A. S. Monseigneur le Comte de Clermont, montre l'Escault, qui présente à *Sa Majesté* une Couronne murale, simbole de la réduction de la Citadelle de cette Ville et de tous les Forts qui deffendoient les aproches de cette importante Place, située sur les bords de ce Fleuve. On lit cette Legende: QUANTO MUNITIORES ARCES, TANTO NOBILIOR EXPUGNATOR. *C'est-à-dire:* La Citadelle et les Forts ont moins procuré des obstacles au Vainqueur qu'un nouvel éclat à la gloire. *A l'Exergue:* An. M. DCC XLVI. Mai. XX. et XXXI.

LA RÉDUCTION DE LA VILLE DE MONS.

Le Roy après avoir achevé de réduire le Brabant sous son obéissance, *Sa Majesté*, apellée par des objets nécessaires, partit le 10. de Juin, pour retourner à Versailles, laissant au Maréchal Comte de Saxe le commandement de son armée. Le Roy, avant son départ, avoit fait les dispositions convenables, pour se rendre maître de tout ce qui restoit encore dans le Haynaut à la Reine de Hongrie, par la conquête de la Ville de Mons. En conséquence *Sa Majesté* avoit ordonné au Duc de Bousslers et au Comte d'Estrées, Lieutenans généraux, de joindre avec leurs détachemens l'Armée commandée par S. A. S. le Prince de Conty, que le Roy avoit chargé du Siége de cette importante Place. Elle fut investie le 7. de Juin, et malgré les obstacles que les pluyes continuelles opposoient aux assiégeans, la tranchée fut ouverte devant, le 24. du même mois. Les attaques en furent conduites par ce Prince avec tant d'ordre et d'intelligence, et les Troupes s'y comportèrent avec tant d'activité et de valeur, que la garnison, forte de douze bataillons, fut obligée de capituler le 10. de Juillet et de se rendre prisonniere de guerre, après 16. jours de tranchée ouverte.

Voila le Sujet du Médaillon. Monseigneur le Prince de Conty y est représenté, sous la forme d'un Jeune Guerrier, assis et apuyé sur son Bouclier. Il tient d'une main l'Etandart de la France, et de l'autre une branche d'Olivier, simbole des vües pacifiques du Roy dans la guerre ou ses ennemis l'ont engagé, ainsi que de la modération et de la bonté avec laquelle Sa *Majesté* traite les peuples qui se soumettent à sa domination. On voit aux pieds du Héros, la Ville de Mons qui présente ses Clefs. Les Trophées d'armes, qu'on remarque dans le fond, caractérisent la gloire que le Prince de Conty s'est acquise dans ce Siége en forçant la Garnison nombreuse qui deffendoit cette place, une des plus fortes de l'Europe, à se rendre Prisonniere de guerre. On lit cette Legende: CATENIS HOSTES, LODOICUS, BENEFICIS CIVES, VINCIT. C'est-à-dire LOUIS soumet ses ennemis par la force et gagne les cœurs des peuples par ses bienfaits. A l'Eveque. An. MDCCXLVI. Jul. X.

LA RÉDUCTION DES VILLES DE SAINT-GUISLAIN ET DE CHARLEROY.

LE ROY, par les prémiéres opérations de la Campagne, ayant mis ses ennèmis hors d'état de pénetrer dans le Brabant, et voulant après la conquête de Mons les empêcher de pouvoir entrer dans le Haynault, S. M. ordonna, au Prince de Conty, de faire assiéger en même-tems les Villes de Saint-Guislain et de Charleroy. Le Marquis de la Fare, Lieutenant général, que S. A. S. avoit chargé du Siège de la prémiére, attaqua cette Place et obligea la Garnison de se rendre prisonniere de guerre, le 26. de Juillet. Le Prince de Conty marcha pendant ce tems à Charleroy, qu'il investit le 16. du même mois. La conduite de S. A. S. l'intrépidité et la hardiesse que les Troupes montrerent dans ce siège, ayant attaqué cette Ville dans tous ses postes avec une valeur qui n'à point d'exemple, intimida tellement les assiégés, que cette Place, l'une des plus fortes de la Frontiere, fut obligée le 2. d'Aoust de se soûmetre à l'obéïssance du Roy, le cinquiéme jour de la tranchée ouverte.

Voila le sujet du Medaillon. Un Guerrier, qui représente S. A. S. Monseigneur le Prince de Conty, assis près d'un Palmier sur des Trophées d'Armes et tenant une couronne murale, simbole de la réduction de Mons, y reçoit la Victoire, qui, d'un vol rapide, vient poser sur le même Palmier les Ecussons des armes des Villes de Saint-Guislain et de Charleroy. Par la rapidité du Vol de la Victoire, on a voulû exprimer la capacité du Prince et la valeur des Troupes, dans la rapide conquête de ces deux Places. On lit cette Legende: PERNICI VICTORIA ALATAM DECET OCCURRERE VICTORIAM. C'est-à-dire: Ne vous étonnés pas si la Victoire a des ailes: il lui en faut pour suffire à la rapidité du Vainqueur. A l'Exergue: An. MDCCXLVI. Jul. XXVI. et Aug. II.

LA RÉDUCTION DE LA VILLE DE NAMUR
ET DE SES CHATEAUX.

Le Prince Charles de Lorraine, qui venoit de prendre le commandement de l'Armée des Alliés, n'ayant pû empêcher la prise de Charleroy, ce Prince porta toutes ses attentions à deffendre à nôtre armée les aproches de la Ville de Namur, qui étoit la dernière ressource qui restat à la Reine de Hongrie, entre la Mer et la Meuse, pour inquieter nos anciennes frontieres et pour pouvoir penetrer dans les Conquêtes du Roy. Fondant ses esperances sur la conservation de cette Place, il rassembla toutes ses forces dans un Camp, dont la seule scituation sembloit devoir arrêter et rendre inutiles tous nos efforts; mais, le Maréchal Comte de Saxe, par des manœuvres dignes de lui, sçut si habilement, par ses differentes positions, couper à ses ennemis toute sorte de subsistance, qu'il les força d'abandoñer leur Camp et de chercher à se mettre en sureté au de-là de la Meuse, qu'ils la passerent le 29. d'Aoust. Namur fut investi, le 5. de Septembre, par S. A. S. Mgr. Le Comte de Clermont. Ce Prince ayant fait ouvrir la tranchée devant cette Place, le 12, Il en conduisit le Siège avec tant d'intelligence et de capacité, que la Ville capitula le 19, et le 30, la Garnison qui s'étoit retirée dans les Chateaux, au nombre de 13. bataillons, fut obligée de se rendre prisoñiere de guerre, après six jours de tranchée ouverte. Ce succés surprenant fit l'éloge d'un Prince, digne heritier de la valeur de ses ancêtres, qui, par la conquête de cette importante Place, a achevé de mettre sous la domination du Roy, tout le reste des Païs-Bas qui apartenoit à la Reine de Hongrie.

Voila le sujet du Medaillon. La Ville de Namur, prosternée, présente deux couronnes murales à un guerrier, tenant l'Etandart de la France, qui caractérise S. A. S. Monseigneur le Comte de Clermont. Ces couronnes sont les simboles de la gloire qu'à merité S. A. S. par la prompte réduction de cette forte Place et de ses Chateaux à l'obéïssance du Roy. Sur le devant on voit la Sambre et la Meuse, qui s'embrassent et qui regardent avec étonnement un Prince, objet de leur admiration, qui vient de prendre une Ville, que leurs eaux réunies n'ont pû deffendre contre ses efforts; et qui, par une conquête de cette importance, a soumis sous la domination de Sa Majesté le reste des Etats, qui faisoient autrefois partie de l'ancien patrimoine de nos Rois. On lit cette Legende: NAMURCUM EXPUGNARI OPORTUIT UT FIAT INEXPUGNABILE, C'est-à-dire: Namur và commencer de ce Jour à être imprenable entre les mains de son Nouveau maître. A l'Exergue: An. MDCCXLVI. Sept. XIX. et XXX.

LA BATAILLE DE ROCOUX, GAGNÉE PAR LE MARÉCHAL COMTE DE SAXE, SUR L'ARMÉE DES ALLIÉS, COMMANDÉE PAR LE PRINCE CHARLES DE LORRAINE.

Pendant qu'on faisoit le Siége de Namur, le Prince Charles de Lorraine, après avoir fait, depuis le passage de la Meuse, divers mouvemens, se détermina enfin à se replier du côté de Maestricht, et le 11. de Septembre il repassa la Meuse, dans le dessein d'inquiéter le Siége; mais le Maréchal Comte de Saxe sçut le contenir de manière, qu'il le réduisit à n'être que le spectateur de la prise de cette Ville. Après sa réduction, ce Général, uniquement occupé de la gloire du Roy, et du soin d'assûrer la solidité des conquêtes de S. M. voyant les ennemis ostinés à se maintenir en deçà de la Meuse, il résolut de les forcer à repasser cette rivière. Dans cette vûë, il passa le Jar le 10. d'Octobre, le 11. il les attaqua, les força dans tous les postes ou ils s'étoient retranchés, sépara leur armée, en rejetta une partie au delà de la Meuse, l'autre sous les murs de Maestricht, et remporta sur eux une victoire signalée On ne peut trop admirer, dans cette fameuse journée, les dispositions que le Maréchal Comte de Saxe avoit fait pour s'assûrer de la Victoire, qui a si glorieusement fini cette Campagne; et l'on ne peut donner trop d'éloge, à la conduite héroïque qu'à montré S. A. S. Mg.r le Comte de Clermont dans cette occasion, ainsi qu'à la valeur et à l'intrépidité que les Troupes y ont fait paroître.*

TABLE
DES FIGURES REPRÉSENTANT LES GLORIEUSES CAMPAGNES DU ROY.

FIN.